BEI GRIN MACHT SICH IHR WISSEN BEZAHLT

- Wir veröffentlichen Ihre Hausarbeit,
  Bachelor- und Masterarbeit

- Ihr eigenes eBook und Buch -
  weltweit in allen wichtigen Shops

- Verdienen Sie an jedem Verkauf

Jetzt bei www.GRIN.com hochladen
und kostenlos publizieren

Bibliografische Information der Deutschen Nationalbibliothek:

Die Deutsche Bibliothek verzeichnet diese Publikation in der Deutschen National-
bibliografie; detaillierte bibliografische Daten sind im Internet über http://dnb.d-
nb.de/ abrufbar.

Impressum:

Copyright © 2007 GRIN Verlag
Druck und Bindung: Books on Demand GmbH, Norderstedt Germany
ISBN: 9783640941551

Dieses Buch bei GRIN:

https://www.grin.com/document/173740

Katrin Hillenbrand

Die Bedeutung von Regeln für Kinder und deren Umsetzung im Schülerhort

GRIN Verlag

GRIN - Your knowledge has value

Der GRIN Verlag publiziert seit 1998 wissenschaftliche Arbeiten von Studenten, Hochschullehrern und anderen Akademikern als eBook und gedrucktes Buch. Die Verlagswebsite www.grin.com ist die ideale Plattform zur Veröffentlichung von Hausarbeiten, Abschlussarbeiten, wissenschaftlichen Aufsätzen, Dissertationen und Fachbüchern.

Besuchen Sie uns im Internet:

http://www.grin.com/

http://www.facebook.com/grincom

http://www.twitter.com/grin_com

Die Bedeutung von Regeln für Kinder und deren Umsetzung im Schülerhort

Handlungsfeld: Gestaltung von Erziehung und Betreuung

Abgabetermin: Mittwoch, 09. Mai 2007

Inhaltsverzeichnis

Einleitung

„Kinder fordern uns heraus"

Das ist der Titel eines bekannten Buches von Rudolf Dreikurs.
Kinder fordern uns in der Tat heraus. Sie zu selbstbewussten,
gemeinschaftsfähigen Erwachsenen zu erziehen ist eine enorme Herausforderung
für jeden von uns. Als Erzieher, sei es in Krippe, Kindergarten, Hort oder
Jugendzentrum, tragen wir einen großen Teil dieser Verantwortung und sind so
ganz wesentlich an der Entwicklung der Kinder mitbeteiligt. Es liegt also auch in
unseren Händen, diese Herausforderung anzunehmen und unser Bestes zu tun,
um den Kindern die besten Möglichkeiten zu geben, ein Teil unserer Gesellschaft
zu werden und gleichzeitig die Besonderheit jedes Einzelnen zu wahren.

Die Einrichtung, in der ich in diesem Jahr mein Praktikum absolviere, wird
ausschließlich von Kindern mit Migrationshintergrund besucht. Sie kommen zum
großen Teil aus sozial schwachen Familien, von denen einige auch vom Sozial-
und Jugendamt unterstützt werden. Aus Gesprächen mit den Mitarbeitern des
Kinderhauses sowie mit den Eltern der Kinder selbst habe ich den Eindruck
gewonnen, dass viele der Familien mit der Erziehung überfordert und auf Hilfe
angewiesen sind. Das Verhalten der Kinder im Hort lässt mich darauf schließen,
dass viele von ihnen im Elternhaus wenig oder keine Erfahrung mit festen Regeln
haben und daher unbedingt darauf angewiesen sind, diese Erfahrungen im Hort
zu machen. Klare Regeln und konsequente Bezugspersonen geben den Kindern
Halt und Sicherheit.
So soll es ihnen möglich werden auch später als Erwachsener in unserer
Gesellschaft besser zurecht zu kommen. Aus diesem Grund habe ich mich für das
Thema
„ Die Bedeutung von Regeln für Kinder und deren Umsetzung im Schülerhort"
entschieden.

Kapitel 1: Theorie

1.1 Was sind Regeln?

Die offizielle Erläuterung des deutschen Duden:

Regeln: *„Aus best. Gesetzmäßigkeiten abgeleitete, aus Erfahrungen und Erkenntnissen gewonnene, in Übereinkunft festgelegte, für einen jeweiligen Bereich als verbindlich geltende Richtlinie"* [1]

Der Duden erklärt hier, dass Regeln sich „aus Erfahrungen und Erkenntnissen" ergeben. Das ist, nicht nur in der Pädagogik, ein wesentlicher Punkt. Regeln sollen also nicht aus der Luft gegriffen werden, sondern sich an gemachten Erfahrungen orientieren und so nachzuvollziehen sein. Nur so können Regeln sinnvoll eingesetzt und auch eingehalten werden. Im Duden ist auch von „Übereinkunft" die Rede. Regeln sind also so angedacht, dass sie nicht von einer Einzelperson, sondern gemeinsam festgelegt werden. Regeln sollen „für einen jeweiligen Bereich" gelten. Daraus lässt sich schließen, dass einmal beschlossene Regeln nicht in jedem Bereich Anwendung finden können, unterschiedliche Bereiche verlangen unterschiedliche Regeln.

Vor dem Hintergrund dieser Aussage werde ich verschiedene Theorien heranziehen, vergleichen und in der Praxis anwenden.

---

[1] Drosdowski, Günther: DUDEN Deutsches Universalwörterbuch A-Z, Mannheim 1989, 2.Auflage

1.2 Theorien verschiedener Pädagogen zur Verbesserung des Regelverständnisses bei Kindern

1.2.1 Die Theorien von Rudolf Dreikurs

Rudolf Dreikurs hat verschiedene Theorien zum Thema Kindererziehung hervorgebracht. Ich habe drei davon ausgewählt, die ich für mein Thema am wichtigsten halte.

1.2.1.1 Die Ermutigung

Dreikurs sagt: „Ein unartiges Kind ist immer ein entmutigtes Kind."[1]
Kinder müssen unbedingt ermutigt werden, damit sie sich entwickeln können und vertrauen bekommen, sich neuen Aufgaben zu stellen. Nur so können sie an sich wachsen und neue, positive Erfahrungen machen. In unserer Gesellschaft (das gilt heute noch genauso wie vor 40 Jahren) geben wir Kindern jedoch nicht oft genug die Chance, ermutigende Erfahrungen zu machen. Kinder sehen Erwachsene häufig als unfehlbare, große und überaus fähige Wesen an, was allein schon entmutigend wirken kann. Durch den kindlichen Mut kann das Kind sich jedoch dennoch großen Aufgaben stellen und gibt nicht auf, trotz der Tatsache, dass es scheinbar unterlegen ist. Unsere Aufgabe ist es, dem Kind so viel Mut wie möglich zuzusprechen und es viele Dinge ausprobieren zu lassen, auch wenn wir befürchten, dass Kind könne es nicht gleich beim ersten Mal schaffen. Wenn uns zum Beispiel ein Kind anbietet, beim Tisch decken zu helfen, sollten wir uns nicht nur darüber freuen, sondern dem Kind die Chance geben, diese Aufgabe zu meistern, auch wenn die Gefahr besteht, dass ein Teller zu Bruch geht. Wir müssen Vertrauen in das Kind zeigen. Sollte wirklich ein Teller zu Bruch gehen, ist es ganz wesentlich, dem Kind die Aufgabe nicht abzunehmen oder ihm gar Schuld zuzuschieben, sondern es auch weiterhin dazu zu ermutigen, sich dieser Aufgabe zu stellen, sodass das Kind nicht das Vertrauen in sich selbst verliert und sich entmutigt fühlt. Das Kind weiß in der Regel ohnehin, dass der Teller nicht herunterfallen sollte und ist daher schon von sich aus betrübt, wenn es passiert.

---

[1] Dreikurs, Rudolf: Kinder fordern uns heraus, Stuttgart 1984, 15. Auflage, S. 42

Daher würden wir mit unseren Versuchen, dem Kind die Arbeit nun zu entziehen, nur noch Salz in die Wunde streuen und dem Kind zeigen, dass wir es für unfähig halten und ihm derartige Aufgaben nicht zutrauen.

1.2.1.2 Verständnis für das Kind

Bevor wir uns Konflikten und Problemen im Zusammenhang mit dem Kind zuwenden, müssen wir zuerst das Kind verstehen. Wir müssen uns damit beschäftigen, in welcher familiären und sozialen Lage es sich befindet und welche Wünsche und Bedürfnisse es hat. Als Grundbedürfnis jeden Kindes müssen wir verstehen, dass es Teil der Familie bzw. des Umfeldes sein will und grundsätzlich alles tun würde, um einen festen Platz im System zu haben. Wir müssen im Auge behalten, dass das Kind beachtet werden will und Zuneigung und Anerkennung sucht.

Um das Verhalten eines Kindes zu verstehen, müssen wir seine Motive kennen. Wir müssen herausfinden, was das Kind mit der jeweiligen Handlung bezwecken will. Um das herauszufinden, müssen wir zunächst die Folgen des kindlichen Verhaltens untersuchen (d.h. die Ziele, die das Kind erreichen will).

Nur indem wir die Folgen ändern, können wir auch das Verhalten ändern.[1]

Dreikurs nennt sie „die irrtümlichen Ziele des Kindes"[2], da das Kind fälschlicherweise annimmt, mit dieser Verhaltensweise ans Ziel zu gelangen. Es ist wichtig, stets im Kopf zu behalten, dass das Kind dies unbewusst tut und selbst gar nicht weiß, warum es dieses Verhalten annimmt.

Er teilt sie in vier Ziele ein:

1. Aufmerksamkeit erringen

Ein entmutigtes Kind, das dieses Mittel einsetzt, hat das Gefühl, nur dann wertvoll zu sein, wenn es die volle Aufmerksamkeit erringt. Dem Kind fehlt Selbstvertrauen und Selbstbewusstsein, sodass es zu der Annahme kommt, nur wenn es im Mittelpunkt stehe, habe es Geltung und wäre ein vollständiger Teil des Systems.

---

[1] Vgl. Dreikurs: a.a.O. S. 18 ff.
[2] Dreikurs, a.a.O. S. 63

Wenn die sozial verträglichen Mittel, Aufmerksamkeit zu bekommen, nicht oder nicht mehr die gewünschte Wirkung zeigen, wird das Kind zu störenden Mitteln greifen, um die Aufmerksamkeit wieder auf sich zu ziehen. Hier gibt es tausende von Methoden, unter denen schon Generationen von Eltern, Erziehern und Lehrern leiden mussten: Spielzeug herumwerfen, bei den Aufgaben trödeln, wimmern, schreien, weinen und unzählige mehr. Die betroffenen Erwachsenen reagieren hier oft mit Strafen, Streit, lautem Schimpfen, was die Kinder jedoch nicht dazu bringt, das entsprechende Verhalten abzulegen, ganz im Gegenteil. Denn auch so ist das Kind wenigstens sicher, die volle Aufmerksamkeit zu haben, und hat sein Ziel damit erreicht.

2. Der Kampf um Überlegenheit

Ein Machtkampf setzt häufig dann ein, wenn Erwachsene eine gewisse Zeit lang Gewalt eingesetzt haben, um den Wunsch des Kindes nach Aufmerksamkeit zu unterdrücken. Das Kind lernt daraufhin, ebenfalls Gewalt einzusetzen, um den Erwachsenen gegenüber Überlegenheit zu erlangen. Das Kind weigert sich dann, sich wünschenswert zu verhalten, weil es befürchtet, dadurch diese Überlegenheit wieder zu verlieren.

3. Rache

Wenn Machtkämpfe sich häufen, kommt das Kind womöglich zu dem Entschluss, Vergeltung, also Rache, sei der einzig mögliche Weg, sich wieder wohl zu fühlen. Das Kind hat das Gefühl, nicht geliebt zu werden und keinerlei Macht zu besitzen. Trotz großer Ausdauer hat es bei Entscheidungen der Erwachsenen wenig Mitspracherecht und fühlt sich übergangen.
Daher zieht es den Entschluss, es sei die einzige Methode, andere so zu verletzen, wie es selbst verletzt wurde. Wenn Kinder sich „falsch" verhalten und Erwachsene mit Strafen reagieren, fühlt sich das Kind noch schlechter und fehl am Platz, als Folge davon führt es zu weiteren gegenseitigen Verletzungen.

4. Unfähigkeit als Ausrede

Ein Kind, das völlig mutlos ist, gibt zum Schluss ganz auf. Es bemüht sich nicht mehr um Aufmerksamkeit oder Erfolge, weil es ohnehin schon das Gefühl hat, nutzlos und wertlos zu sein. Daher versucht das Kind, jeder möglichen Aufgabe aus dem Weg zu gehen, aus Angst, seine Unfähigkeit wird für andere sichtbar. Dummheit und Unfähigkeit wird vom Kind als Mittel benutzt, um Aufgaben nicht selbst erfüllen zu müssen. Ein typischer Satz solcher Kinder: „Ich kann das nicht! Das musst du machen!" Kinder lassen sich durch eine Reihe von schlechten Erfahrungen in der Vergangenheit so entmutigen, dass sie sich selbst als völlig wertlos ansehen.[1]

Bei allen diesen Zielen ist unbedingt zu beachten, dass das Kind unbewusst handelt.

Da wir diese Ziele nun kennen, ist es unsere Aufgabe, nicht das Verhalten des Kindes, sondern unser eigenes zu deuten, um uns bewusst zu werden, welches Ziel das Kind gerade verfolgt. Beispiel: Bei den Hausaufgaben ist das Kind unruhig um hampelt herum, es ist laut und stört so auch die anderen. Die Erzieherin kommt dazu und will das Kind beruhigen: „Lars, sei still! Du störst du anderen, mach deine Aufgaben!" Kind: „Ja gut." Lars stört jedoch weiterhin. Die Szene wiederholt sich einige Male. Bis die Erzieherin Lars anschreit und sich zu ihm setzt, damit er seine Aufgaben macht. Lars widmet sich nun seinen Aufgaben. Was war nun die Folge von Lars´ Verhalten? Er bekam die ungeteilte Aufmerksamkeit der Erzieherin. Sein Ziel war also das erste, Aufmerksamkeit erringen. Nun ist es die Aufgabe der Erzieherin zu überlegen, wie sie Lars dann genügend Aufmerksamkeit schenkt, wenn er sich wünschenswert verhält, um zu vermeiden, dass es sich dieses Ziel setzt
(immer unbewusst).

---

[1] Alle 4 Ziele frei zusammengefasst nach Gordon, a.a.O. S. 64 ff

1.2.1.3 Anwendung logischer Folgen

Der Grundsatz dieser Theorie ist der, dass kein Mensch willentlich etwas tun würde, von dem er glaubt, dass es ihm schadet. Damit lässt auch häufig, das Verhalten kleinerer Kinder erklären. Ein Kind, dass sich einmal an der heißen Herdplatte verbrannt hat, wird diese in Zukunft meiden: es kennt die Folgen.[1]

Bei der Anwendung logischer Folgen besteht der Unterschied, dass die Folge von den Eltern bzw. den Erziehenden (künstlich) herbeigeführt wird. Sie kann für das Kind unangenehm oder ärgerlich sein, jedoch niemals schädlich. Diese Folgen sollen jedoch nicht mit Strafen gleichgesetzt werden. Strafe wird häufig impulsiv und ohne Zusammenhang zur Tat eingesetzt. Eine Folge *folgt* jedoch und steht in direktem Zusammenhang zum gezeigten Verhalten. Sie soll die Wirklichkeit ausdrücken und die Realität nahe bringen, nicht die Autorität eines Erwachsenen über ein Kind zeigen. Sie soll dem Kind zudem sachlich und freundlich, ohne große Gefühlsausbrüche, nahe gebracht werden. Eine weitere Bedingung ist die Anwendung einer Wahl. Das Kind sollte aufgefordert werden, zwischen dem richtigen Verhalten oder der Fortsetzung des Falschen zu wählen. Entscheidet es sich für letzteres, sollte die logische Folge sofort eintreten.[2]

Das Kind hat so die Möglichkeit, über den weiteren Verlauf zu entscheiden. Das bedeutet jedoch auch, dass diese Entscheidung respektiert werden muss, der Erziehende muss eventuell Geduld und Durchhaltevermögen beweisen, wenn das Kind sich mehrfach für letzteres entscheidet.

Das Kind wird mit der Zeit die Folgen spüren und etwas tun, um sie zu vermeiden. So kann das Kind an der Tat beobachten, wie die Dinge sich entwickeln, wenn es dieses oder jenes Verhalten zeigt. Handlungen und Taten sind also wesentlicher Bestandteil der Kindererziehung, häufig wird zu viel geredet. Dreikurs hat das wie folgt ausgedrückt: „Reden ist äußerst unwirksam; es macht das Kind „muttertaub". Man kann ein Kind nicht lehren, Verantwortung zu übernehmen, man muss sie ihm geben." [3]

---

[1] Vgl. Dreikurs, Rudolf: Kinder lernen aus den Folgen, Freiburg, 1991, 8 Auflage, S. 53
[2] Vgl. Dreikurs, Rudolf a.a.O. S. 63 ff
[3] Dreikurs, a.a.O. S. 45

1.2.2 Maria Montessori

1.2.2.1 Die Würde

Laut Maria Montessori spielt die Erhaltung der Würde bereits im frühen Kindesalter eine große Rolle. Zu diesem Thema hatte sie ein kleines Beispiel, dass sie selbst erlebt hatte: In einer Kindergruppe kam ihr einmal der Gedanke, eine humoristische Lektion zum Thema Nase putzen abzuhalten. Sie zeigte den Kindern einige verschiedene Möglichkeiten, sich die Nase zu putzen und zum Schluss, die eleganteste und höflichste Lösung. Montessori war überrascht, als die Kinder am Ende ihrer Lektion applaudierten und große Begeisterung zeigten, so dass sie sich sogar für den Unterricht bedankten. Montessori führt dies darauf zurück, dass die Kinder sich häufig, auch wenn es um das Nase putzen geht, in einem Zustand der Geringschätzung fühlen, ihre Würde wird von den Erwachsenen missachtet, die zwar viel schimpfen, den Kindern aber selten zeigen, wie es richtig geht.[1]

1.2.2.2 Die Stille

Auch zum Thema Stille hat Maria Montessori eine selbst erlebte Geschichte zu erzählen: Sie betrat eines Tages das Zimmer mit einem Baby auf dem Arm, den sie einen Moment lang betreute, bis die Mutter zurückkehrte. Dieses Baby war ganz und gar still, was auf Montessori einen großen Eindruck machte und ein ruhiges Gefühl in ihr auslöste, so wollte sie dieses Gefühl auch mit den Kindern teilen. Also erzählte sie den Kindern, sie glaube nicht, dass einer von ihnen so still sein könnte, wie das Baby. Mit Überraschung stellte sie fest, dass die Kinder sofort darauf eingingen und ebenfalls still wurden. Sie folgten jedem Wort von Montessori. Die Kinder waren still. Atmeten ganz leise und waren sehr aufmerksam. So entstand Montessoris *„Übung der Stille"*.[2] Nach dieser Erfahrung wollte Maria Montessori diese Übung zur Schärfung der kindlichen Wahrnehmung nutzen. Dazu rief sie die Kinder aus größerer Entfernung in Flüsterstimme und diese sollten dann ohne ein Geräusch zu machen, zu ihr laufen.

---

[1] Vgl. Montessori, Maria: Kinder sind anders, München 1996, 11. Auflage, S. 131 f
[2] Montessori, a.a.O. S. 128 f

Als Belohnung brachte sie den Kindern Süßigkeiten mit, die die Kinder jedoch kategorisch ablehnten.

Dies verwunderte Montessori sehr, bis ihr der Gedanke kam, die Kinder würden die Belohnung als Ablenkung und unnötig empfinden. Die Kinder hatten an der Übung so viel Spaß, dass für sie gar keine Belohnung nötig war.

1.2.3 Die Theorien von Thomas Gordon
1.2.3.1 Die Belohnung

Laut Thomas Gordon führt das Einsetzen von Belohnungen im Alltag in der Regel nicht zum Erfolg. Eltern, Lehrer und Erzieher sind nicht in der Lage, auf diese Art eine dauerhafte Verhaltensänderung beim Kind hervorzurufen. Sie verfügen nicht über das ausreichende Fachwissen, wie erfahrene Diplompsychologen es haben. Dies will Gordon damit belegen, dass in der großen Mehrheit der Familien nicht nur Belohnung, sondern ebenfalls Strafe angewandt wird, was jedoch unnötig wäre, würde die Belohnung funktionieren.[1] Diese Logik scheint sogar einleuchtend zu sein. Würde das System der Belohnung funktionieren, wären Strafen unnötig, da die Kinder das gewünschte Verhalten bereits aufgrund der Belohnung zeigen würden. Außer der Kompliziertheit ist es auch sehr zeitaufwendig, Kinder mit Hilfe von Belohnungen zu einer Verhaltensänderung zu bewegen. Gleiche Vorgänge müssen immer wieder wiederholt werden, und das bei scheinbar unendlich vielen Verhaltensweisen (pünktlich ins Bett gehen, aufräumen, höflich sein,…). Gordon sieht hier für Eltern und Lehrer keine Möglichkeit, im Bezug auf jedes Verhalten diese Methode wirksam anzuwenden, er sieht eine Reihe von Problemen beim Einsetzen von Belohnungen:[2]

1. Wenn sie den Wert verlieren (zu häufig eingesetzt)
2. Wenn die Belohnung auch selbst zu beschaffen ist
3. Wenn unerwünschtes Verhalten belohnt wird
4. Wenn die Belohnung unerreichbar scheint
5. Wenn erwünschtes Verhalten unbelohnt bleibt
6. Wenn Kinder ausschließlich für Belohnungen etwas tun

---

[1] Vgl. Gordon, Thomas: Die neue Familienkonferenz, München 1995, 2.Auflage, S. 65 ff
[2] Vgl. Gordon, a.a.O. S. 69 ff

1.2.3.2 Das Lob und die positive Ich-Botschaft

Thomas Gordon steht auch dem Lob kritisch gegenüber. Er ist der Meinung, es sei unnütz und könnte sogar der Beziehung zwischen Eltern und Kind bzw. Erziehende und Kind schaden. Das typische Lob ist in einer Du-Botschaft verfasst. Beispiel: „Du hast heute aber schön aufgeräumt!" Gordon spricht von einer alternativen Art des Lobes, die er bereits 1964 als *„Ich-Botschaften"*[1] bezeichnete. Das würde am erwähnten Beispiel etwa so lauten: „Ich freue mich sehr, dass hier alles so schön aufgeräumt ist, da fühle ich mich wohl!"

Diese Methode ist laut Gordon deutlich effektiver als die herkömmliche. Die herkömmliche Methode birgt nämlich die Gefahr, dass das Lob als Kritik aufgenommen wird. Bsp.: „Du hast heute aber schnell deine Hausaufgaben gemacht!" Das Kind könnte denken:" Und sonst bin ich immer zu langsam?"

Außerdem besteht noch die Gefahr, dass das Lob nicht der Selbsteinschätzung gleicht, die das Kind von sich selbst hat, und das Kind könnte Zweifel an der Ehrlichkeit das Erwachsenen bekommen, wenn es stets das Gefühl hat, „falsches" Lob zu bekommen, das gar nicht angebracht ist.

Folglich sollte Lob kein Urteil sein, sondern die eigenen Gefühle wiedergeben („Ich fühle mich gut, wenn, ..."). Die Ich-Botschaft soll widerspiegeln, was sich in mir selbst abspielt und keine Aussage, schon gar keine wertende, über die andere Person sein.

Lob sollte außerdem ehrlich sein und die Realität beachten. Es sollte nicht inflationär angewendet werden, sondern grundsätzlich bewusst gewählt sein und zur Situation passen.

---

[1] Gordon, a.a.O. S. 79

1.3 Welche dieser Theorien lassen sich meiner Meinung nach im Schülerhort Anwenden?

Die vorgestellten Theorien halte ich grundsätzlich für interessant. Am meisten interessieren mich die Theorien von Rudolf Dreikurs, von denen ich auch denke, dass ich sie gut auf meine Situation im Schülerhort übertragen kann, deshalb möchte ich die von ihm vorgeschlagenen Methoden auf jeden Fall in die Praxis übertragen.

Maria Montessoris Methoden interessieren mich ebenso. Das Kinder würdevoll behandelt werden sollten, ist mir natürlich bewusst und so werde ich mich natürlich auch weiterhin verhalten. Die Stille-Übung finde ich zwar interessant, würde sie jedoch eher im Kindergarten einsetzen, wie es auch Montessori getan hat, so werde ich diese Methode in meinem Fall zurückstellen.

Die Methoden von Thomas Gordon erscheinen mir nur zum Teil sinnvoll. In meinem Hort werden Belohnungssysteme eingesetzt und meiner Meinung nach funktionieren diese sinnvoll, auch wenn Gordon Belohnungen für sinnlos hält, diese Methode werde ich also nicht anwenden.
Die Methode der „Ich-Botschaften" kenne ich jedoch bereits aus dem Schulunterricht ich möchte darauf achten, sie im Hort bewusst anzuwenden, da ich diese für sehr sinnvoll halte.

Anmerkung: Thomas Gordon ist übrigens der Ansicht, sog. Logische Konsequenzen seien mit Strafe gleichzusetzen und ist daher ganz entschieden gegen die Dreikurs-Methode. In seinem Buch zeigt er ganz klar, dass er von der Dreikurs-Methode nichts hält: „Für mich ist klar, dass Dreikurs´ Konzept der „logischen Konsequenz" einfach nur ein anderer Name für die eindeutige Bezeichnung „Strafe" ist."[1]

---

[1] Gordon, a.a.O. S. 60

Kapitel 2: Transfer in die Praxis

2.1 Erprobung der vorgestellten Theorien in der Praxis

2.1.1 Im Alltag

Im Alltag halte ich es für wichtig, immer im Hinterkopf zu behalten, aus welchen Gründen heraus die Kinder sich so verhalten, wie sie es tun.

Sollte ich feststellen, dass ein Kind im alltäglichen Geschehen eine klare Regel übertreten hat, muss ich darüber Gedanken machen, aus welchem Grund das Kind das getan hat. Grundsätzlich ist es notwendig, *mein* Verhalten zu reflektieren, um die Kinder zu verstehen. Ich muss mir ständig darüber im Klaren sein, wie sich mein eigenes Verhalten auf die Kinder auswirkt, so kann ich ihre Motive besser verstehen.

Dazu gehört ebenso, dass ich mir nach dem Praxistag genügend Zeit nehme, den Tag und vor allem mein eigenes Verhalten zu reflektieren.

Ein konkretes Beispiel aus meiner Praxis:

Es gibt ein bestimmtes Kind, das sehr oft, auch mehrmals am Tag, durch sein Verhalten negativ auffällt. Es handelt sich um ein 10-jähriges Mädchen, das einen großen und einen kleinen Bruder hat, die ebenfalls den Hort besuchen. Die Kinder müssen sich zu Hause alle ein Zimmer teilen. Diese Informationen sind sehr wichtig, um das Kind zu verstehen. Das Mädchen M. ist im Hort oft sehr laut und verstößt oft gegen die Regeln, andere Kinder werden von ihr häufig gestört.

Nachdem ich mehr über die Familienverhältnisse wusste und mir mein eigenes Verhalten bewusster gemacht habe (wie viel Zeit verbringe ich bzw. die anderen Erzieher alleine mit dem Kind? Bekommt es positive Aufmerksamkeit?), war mir klar, dass das Mädchen Aufmerksamkeit braucht. Ich habe ihr angeboten, einmal am Tag etwas mit ihr alleine zu machen und diese Methode auch mit den anderen Erziehern besprochen, um die Tage abzudecken, an denen ich nicht im Hort bin. Ich muss jedoch auch realistisch genug sein um zu beachten, dass ich während meiner kurzen Zeit im Hort nicht auf alle Kinder mithilfe dieser Methoden genügend eingehen kann, daher sind Absprachen mit den anderen Erzieherin sehr wichtig.

Des Weiteren werde ich bei allen Kindern darauf achten, die von Dreikurs genannten logischen Konsequenzen einzuhalten, ohne dabei in Drohungen oder Strafen zu verfallen.

Da ich die „Ich-Botschaft" bereits aus dem Schulunterricht kenne, bemühe ich mich bereits, sie anzuwenden, ich will jedoch in Zukunft noch bewusster darauf achten, bei Konfliktsituationen nicht die Ruhe zu verlieren und das was ich sagen will in einer „Ich-Botschaft" zu formulieren.

Dazu gehört auch, Lob ganz bewusst und nicht in jeder Situation permanent anzuwenden. Es ist für die Kinder wichtig, dass ich darauf achte, Lob nur angemessen einzusetzen und damit ehrlich und bewusst umzugehen.

2.2 In der Raumgestaltung

Ich habe mir vorgenommen, gemeinsam mit den Kindern den Spieleschrank neu zu ordnen und nicht mehr Gebrauchtes auszusortieren. Ich möchte mit ihnen zusammen festlegen, welche Spiele dort verbleiben sollen und welche ausgetauscht bzw. entsorgt werden.

Ich möchte mit ihnen sinnvolle Regeln erarbeiten, die hier in Zukunft gelten sollten (bis jetzt gibt es für diesen Bereich keine offiziellen Regeln, die besprochen wurden). Ich möchte in diesem Zusammenhang auch die Konsequenzen für einen Regelverstoß aufstellen (logische Konsequenzen). Die Konsequenzen sollen logisch auf die Handlung folgen und für die Kinder einen Sinn ergeben. Sie sollen die Konsequenz in direkten Bezug zur Sache stellen können, z.B.: Die Einzelteile eines Spiels sind zum Teil verschwunden und zum Teil kaputt. Die logische Konsequenz darauf könnte sein, dass wir das Spiel entsorgen müssen, da es nicht mehr zu reparieren ist und man damit nicht mehr spielen kann. Da der Hort sehr wenig Geld zur Verfügung hat, können wir vorerst auch kein Neues kaufen – es bleibt also ein Verlust. Eine andere Konsequenz könnte sein, dass die Kinder, die das Spiel kaputt gemacht haben (sofern das bekannt ist), Geld für ein neues Spiel sammeln.

Um die Kinder –und mich selbst auch- nicht zu überfordern, werde ich mir, was die Raumgestaltung betrifft, außer diesem Projekt nichts Weiteres vornehmen.

2.3 In gezielten Angeboten

Zu Beginn meines Praktikums im Schülerhort habe ich mit den Kindern einige Formen von Staffel- und anderen Wettspielen durchgeführt.

Immer wieder gab es Momente, in denen die Kinder sich nicht an die Regeln gehalten haben und es zu Konflikten kam. Ich habe darüber nachgedacht, wie ich diese Situation verändern kann. Ich möchte mit den Kindern zu Beginn des Angebotes die logischen Konsequenzen ihres Verhaltens besprechen. Es ist wichtig, dass bei den Kindern nicht der Eindruck von Strafe entsteht, sondern sie das Verhalten mit der Konsequenz in einen logischen Bezug bringen können.

Beispiel: Die Kinder wissen, dass ihnen die Turnhalle von montags von 15.00 bis 16.00 zur Verfügen steht. Umso länger es zu Beginn dauert bis sie sich umgezogen haben auf der Bank sitzen, um den Verlauf zu besprechen, umso weniger Zeit bleibt zum spielen. Die logische Konsequenz ist also ganz einfach, dass die Staffel gekürzt werden muss, weil wir um 16.00 wieder gehen müssen, und dann muss schon alles aufgeräumt sein.

Eine andere logische Folge wäre, dass wir nicht so viele, vor allem aufwändige Geräte, verwenden können, da der Auf- und Abbau zu lange dauert, wenn die Kinder sich daran nicht beteiligen und trödeln.

Zum Vergleich: Wenn ein Kind beim Aufbau trödelt und muss dafür eine Extrarunde in der Halle laufen besteht kein logischer Zusammenhang zwischen Handlung und Folge.

Das Straflaufen steht nicht im Bezug zum Trödeln beim Aufbau, die Kürzung der Staffel aufgrund von Zeitmangel hingegen schon.

Kapitel 3: Ergebnisse und Erfahrungen

3.1 Reaktionen der Kinder auf die Veränderungen

3.1.1 Im Alltag

Es ist unglaublich erstaunlich, wie sich das Verhalten mancher Kinder verändert hat. Ich habe zu Beginn keine 180° Wendung erwartet, und das ist auch nicht eingetreten, ich konnte jedoch bei einzelnen Kindern durchaus eine positive Bilanz ziehen, was die erwählten Methoden angeht. Ich habe sogar den Eindruck dass Kinder, wenn ich mit ihnen über einen längeren Zeitraum konsequent mit Ich-Botschaften rede, sie langsam selbst zu dieser Methode greifen, auch wenn es lange dauert und erst einmal nur temporär auftritt.

Die Motive der Kinder sind mir deutlicher geworden. Wenn ich auf die Motive der Kinder eingehe und mir darüber mehr Gedanken mache, lassen sich Konflikte viel leichter lösen. Ich habe den Eindruck, die Kinder spüren, dass sie ernst genommen werden. Die Arbeit ist immer noch anstrengend, da die Kinder fast ausschließlich aus recht schwierigen familiären Verhältnissen kommen, wo Regeln und Grenzen häufig keine große Rolle im Familienleben spielen. Ich denke jedoch, dass die Konsequenz im Schülerhort den Kindern auch viel Sicherheit gibt und sie sie deshalb auch annehmen, auch wenn sie ihre Grenzen immer wieder austesten wollen.

3.1.2 In der Raumgestaltung

Ich konnte schnell eine kleine Gruppe von Kindern für das Projekt begeistern. Die Kinder haben sich viel Zeit genommen, den Schrank zu sortieren und haben eine eigene Ordnung gewählt, sie wollten die Spiele der Größe nach ordnen. Völlig kaputte Spiele haben wir direkt entsorgt, worauf jedoch ein Gespräch folgte, indem ich die Kinder aufklärte, dass es keine neuen Spiele gibt, wenn sie in Zukunft nicht besser darauf achten, sie nicht kaputt zu machen und die Einzelteile immer wieder ordentlich an ihren Platz räumen.

Ein Kind sagte selbst, dass Spiele viel Geld kosten und sie zu Hause deswegen nicht viele Spiele haben. Deshalb ist es schön, dass es im Hort so viele Sachen gibt.

Da ich weiß, dass es einigen anderen Kindern der Gruppe ähnlich geht, denke ich, dass ein ernsthaftes Interesse besteht, die Spiele so lange wie möglich zu behalten. Nach der Aufräumaktion hat es nicht lange gedauert, bis der Schrank wieder unordentlich war. Ich habe die Kinder über einen längeren Zeitraum immer wieder erinnern müssen, einmal habe ich sogar einen Großteil der Spiele für 2 Tage weggeräumt (Konsequenz). Die Kinder gewöhnen sich jedoch langsam daran, den Schrank in Ordnung zu halten. Ich muss jedoch in diesem Fall auch die Situation der Kinder beachten, die zu Hause zum Großteil kaum zur Ordnung erzogen werden und häufig keine Regeln mitbekommen, deshalb ist es umso schwieriger für die Kinder, sich an diese festen Regeln zu gewöhnen.

3.1.3 In gezielten Angeboten

Auch in den gezielten Angeboten mit der Kleingruppe hat es wenige Wochen gedauert, bis eine Verhaltensänderung der Kinder spürbar wurde. Die Kinder haben die Konsequenzen angenommen und achten inzwischen selbstständig auf deren Einhaltung. Bei Spielen in der Turnhalle oder im Hof bin ich meistens nur noch Beobachterin, die Kinder können Regelübertretungen selbst lösen. Es ist auch erstaunlich, dass die Kinder sich in der Regel nicht dagegen wehren, wenn sie aufgrund eines Regelverstoßes auf die Strafbank müssen oder sonstige Maßnahmen ergreifen müssen. Am Anfang musste ich die Kinder hin und wieder zurückhalten, damit die Konsequenzen, die sie selbst auflegten, nicht zu streng werden, z.B. für einmal Linie übertreten eine Stunde laufen.

3.2 Aktuelle Situation im Hort

3.2.1 im Alltag

Ich kann durchaus Veränderungen im Verhalten der Kinder feststellen, auch wenn diese häufig recht klein sind, was jedoch bei meiner Hortgruppe schon ein großer Erfolg ist. Die Kinder achten häufiger als vorher auf Ordnung im Spieleschrank und räumen die Sachen nach dem Spielen meistens von alleine wieder ein, manchmal erinnere ich sie noch daran. Vor kurzem haben wir wieder gemeinsam ein Spiel im Schrank gegen ein anderes aus dem Keller ausgetauscht, weil dies der Wunsch der Kinder war.

Die Kinder haben besonders bei Sportangeboten ein gutes Gefühl dafür entwickelt, welche Konsequenzen wann angebracht sind.

Es ist für die Kinder zu einem selbstverständlichen Teil des Spieles geworden, ich muss sie kaum noch daran erinnern.

Kapitel 4

Reflexion

4.1 Was konnte ich für die Zukunft mitnehmen?

Schließlich bin ich froh, dieses Thema gewählt zu haben.

Ich habe während der ganzen Bearbeitungszeit viel dazugelernt und konnte einiges mitnehmen. Ich konnte feststellen, dass einige Themen sich ergänzen, es jedoch auf der anderen Seite auf viele gegensätzliche Meinungen gibt.

Die Vielfalt macht das Thema zwar komplizierter und aufwendiger, jedoch auch spannender und abwechslungsreicher.

Durch die Befassung mit dem Thema habe ich viele neue Theorien zum Thema Regeln kennen gelernt. Ich konnte mir ein Bild über die Ansichten der verschiedenen Pädagogen machen, mit denen ich mich befasst habe. Ich habe viel Informationen über das Beschaffen nützlicher Literatur gesammelt.

Dadurch, dass ich viele Bücher zum Thema von verschiedenen Verfassern gelesen habe, habe ich nun das Gefühl, mit viel Sicherheit ins neue Kindergartenjahr im September zu starten, auch wenn mein Schwerpunkt im Bereich Schülerhort lag, da ich mich auf diesem Gebiet nun um einiges sicherer fühle. Dadurch, dass ich einige Theorien direkt in der Praxis getestet habe, habe ich nun ein besseres Gefühl dafür bekommen, wie man mit dem Umgang mit Regeln und Regelverstößen umgehen kann. Ich fühle mich nun um einiges sicherer, auch konsequent zu sein.

Was ich noch für die Zukunft mitnehmen kann, ist, dass man sich nicht zu viel auf einmal vornehmen sollte. Ich habe die Theorie zum Thema in Kapitel 1 auf drei Pädagogen begrenzt, da mir sehr schnell klar wurde, dass es sonst viel zu unübersichtlich wird. Außerdem habe ich mich entschieden, von jedem nur einen Ausschnitt der Methoden zu präsentieren, um das Thema einzugrenzen.

Ich kann mitnehmen, dass es wichtig ist, sich zu Beginn nicht zuviel vorzunehmen, sondern sich lieber auf weniger zu beschränken. So hat man viel eher die Möglichkeit, sich intensiv mit einigen Punkten auseinanderzusetzen, anstatt viele Punkte nur anzureißen.

4.2 Wie hat sich mein Verhalten bzw. meine Denkweise geändert?

Am meisten hat sich bei mir wohl verändert, dass ich nun viel mehr Wert darauf lege, die Motive der Kinder zu verstehen und mich damit zu befassen, was sie mit ihrem Verhalten erreichen wollen. Ich glaube jetzt, dass das ein wesentlicher Punkt ist, der beim Umgang mit Kindern immer beachtet werden muss. Ebenso bin ich mir bewusster darüber, welche Auswirkungen nicht das Verhalten der Kinder, sondern mein eigenes hat. Ich habe ein anderes Bewusstsein dafür bekommen, wie sich mein Verhalten auf die Kinder auswirkt und werde mir durch die Befassung mit diesem Thema in Zukunft, besonders in Konfliktsituationen, andere Gedanken machen und mich mehr darauf konzentrieren, wie *ich* mich in bestimmten Situationen verhalten habe bzw. verhalte. Dazu ist es nötig, mir die Zeit zur Reflexion zu nehmen um mich meines Verhaltens bewusst zu werden. Diese Zeit will ich mir auf jeden Fall nehmen und denke, dass damit bereits ein wichtiger Schritt getan ist.

4.3 Schlusswort

Was bleibt nun noch zu sagen?
Trotz aller Diskussionen über Regeln und deren Konsequenzen bleibt es aber auch wichtig zu sagen, dass Kinder nicht nur Regeln brauchen, um zu selbstbewussten, sozialfähigen Erwachsenen heranzuwachsen. Es braucht dazu genauso viel Zuwendung, Liebe, Anerkennung und Geduld.
Kinder müssen spüren, dass sie geliebt und geachtet werden. Wir müssen erkennen, dass sie vollwertige Wesen sind und ihre Erziehung jede Mühe wert ist, auch wenn wir es manchmal als anstrengend empfinden.
Wenn wir unseren Kindern davon etwas mitgeben, kann gar nicht mehr so viel schief gehen.

Literatur- und Quellenverzeichnis:

Dreikurs, Rudolf: Kinder fordern uns heraus, Stuttgart 1984, 15. Auflage

Dreikurs, Rudolf: Kinder lernen aus den Folgen, Freiburg 1993, 8. Auflage

Gordon, Thomas: Die neue Familienkonferenz, München 1995, 2.Auflage

Montessori, Maria: Kinder sind anders, München 1996, 11. Auflage